AF261164